육도윤회를 벗어나 왕생극락하는 진언

나무아미타불 사경집

주세규 편저

비움과소통

"마음이 고요하면 부처님 명호를 부르고, 마음이 산란하면 부처님 명호를 쓴다."

《불설아미타경》은 무문자설(無問自說)의 경전이며, 밀교 중의 밀교이고, 팔만대장경의 7할(割)을 알아야 설할 수 있는 경전이며, 지극한 선종이며, 삼매를 증득해야 능히 설할 수 있는 경전입니다.

-현대의 유마(維摩)거사인 남회근 국사

차 례

1. 부처님 명호

부처(佛, 붓다)는 '무상정등정각(無上正等正覺)'을 성취하신 분에게만 부여하는 존칭입니다. 부처님은 번뇌를 다 끊었고 제법실상(諸法實相)의 이치를 원만히 깨달은 존재입니다. 유사(有史)이래 부처님처럼 사람들로부터 공경과 찬탄의 대상이 되셨던 분은 일찍이 없었습니다. 인도에서 태어나신 석가모니 부처님은 역사상 실존했던 인물임이 과학적, 역사적으로 확인된 바 있습니다. 예수님이나 공자님도 분명 성인(聖人)이시지만 이들은 보살지(菩薩地)에 있는 분들로서 불과(佛果)를 증득하신 부처님에 비하면 마치 반딧불을 태양빛에 견준 것과 같습니다. 보살의 과위(果位)를 증득한 보살님들은 견혹(見惑)과 사혹(思惑)과 습기(習氣)까지 완전히 끊으셨지만 41품의 무명(無明)은 완전히 끊지 못했을 뿐만 아니라, 「갠지스 강의 모래알처럼 많은 불퇴전보살들이 일심(一心)으로 사유(思惟)하고 구해도 부처님의 지혜를 구하지 못한다.」라는 《법화경》의 말씀처럼 부처님만의 지혜인 일체지(一切智)는 아직 증득하지 못하였습니다. 특히 아미타불의 광대한 서원은 다른 모든 부처님들의 서원을 초월하였고, 시방세계의 모든 부처님들께서 유독 아미타불을 찬탄하고 계심을 볼 때, 우리는 오직 아미타불의 명호만 마음속에 품고 지니고 부르고 쓰고 생각하고 찬탄해야 합니다.

부처님은 성인(聖人) 중의 성인이시고, 삼계(三界)의 스승이시며, 인천(人

天)의 귀의처입니다. 부처님에게는 여래(如來)·응공(應供)·정변지(正遍知)·명행족(明行足)·선서(善逝)·세간해(世間解)·무상사(無上師)·조어장부(調御丈夫)·천인사(天人師)·불세존(佛世尊)이라는 열 개의 별칭이 있는데, 이는 부처님의 지혜와 위신력과 공덕 등이 다른 여느 성인들과는 비교할 수조차 없이 뛰어나다는 것을 보여줍니다. 게다가 부처님은 32상(相) 80수형호(隨形好)의 수승한 모습을 하고 계시며, 외도(外道)에는 없는 18가지의 불공법(不共法)을 갖고 계십니다.

불보살의 이름을 불호(佛號), 명호(名號), 성호(聖號), 덕호(德號), 존호(尊號)라고 합니다. 불보살의 이름은 역경승(譯經僧)이나 삼장(三藏)법사들께서 아무 의미 없이 또는 멋대로 지은 것이 아닙니다. 예컨대, 문자반야(文字般若)를 증득하신 구마라집(鳩摩羅什) 법사는 칠불(七佛)의 역사(譯師)로서 일곱 부처님이 출현하셨을 때마다 역경(譯經)의 소임을 맡았고, '임종 시 내 번역에 하자가 없으면 다비(茶毘)를 해도 혀가 타지 않을 것이다.'라고 발원하셨는데, 과연 혀 사리가 그대로 남아있었던 분입니다. 그는 단 한글자도 허투루 또는 소홀히 번역하지 않았고, 더구나 지극히 아름다운 문장으로 불경을 번역해 놓았기에 후대의 사문(沙門)들은 물론 유학을 배우는 사류(士類)나 문인(文人)들에게까지 심대한 영향을 끼쳤습니다. 이러한 보살의 화현들께서 -사람의 이름도 함부로 짓지 않거늘- 부처님의 이름을 멋대로 지으셨겠습니까.

부처님 이름은 부처님께서 성불하시기 전까지 무량한 세월동안 헤아리기 어려운 실다운 공덕 즉, 일체의 선법(善法)과 육바라밀과 사섭법(四攝法)과 일체의 삼매와 수없이 많은 공덕 등을 쌓아 지어진 것입니다.
정공법사는 「부처님의 명호를 부르는 것은 부처님이 갖고 계신 공덕을 자신의 공덕으로 바꾸는 것입니다.」라고 하였습니다.

남회근 국사는 「일체의 모든 불보살의 이름은 마음대로 지은 것이 아닙니다. 그 이름 가운데는 불보살의 발원과 공덕이 다 들어가 있습니다.」라고 하였습니다.

원효대사는 「부처님 이름은 만겁이 지나도 그 공덕이 다하지 않는다.」라고 하였습니다.

우익대사는 「부처님 이름을 한 번 부르면, 한 번의 소리가 불가사의하다. 부처님 이름을 열 번, 백 번, 천 번, 만 번… 끝없이 부처님 이름을 부르면 소리소리 마다 모두 불가사의하다.」라고 하신 바 있습니다.

우리가 사는 이 사바세계는 단 하루도 조용한 날이 없거니와, 온갖 종류의 중생이 모여 이전투구(泥田鬪狗)를 벌이는 살벌한 곳입니다. 전생에 진 원한이나 채무를 받아내기 위해 처절한 보복을 벌이는가 하면, 탐진치·번뇌망상·악견(惡見) 등에 빠져 허우적대는 세계입니다. 윤회계(輪廻界)에서 일어나는 모든 행위는 하나도 진실하지 않고 결국 재앙으로 귀결됩니다. 막대한 선행을 쌓아도 유루(有漏)의 인(因)일 뿐이어서 삼계를 절대 벗어날 수 없습니다. 역경(易經)이나 노장(老莊) 등의 학문에 통달하고 서양 철학을 완벽하게 이해하여도 이 삼계를 벗어나지 못합니다. 우리는 극도의 이기주의가 판을 치며 남을 배척하고 속여 먹는 이 위험한 곳에서 하루라도 빨리 벗어나야 합니다. 금생에 다행히 사람 몸을 받았고, 게다가 불법(佛法)을 만났으며, 더욱이 염불법문을 만난 이상 우리는 이 천재일우(千載一遇)의 기회를 절대 놓쳐서는 안 됩니다.

죄를 많이 지었어도, 태어나 좋은 일을 하나도 짓지 못했어도, 살생을 많이 했어도, 염불법문을 믿고 받아들인 분이라면 전생에 크나큰 선근공덕을 쌓은 분임이 확실합니다. 염불수행을 하시는 분들은 곧 서방극락세계에 초대되어 성현의 반열에 오르실 분들입니다. 이 얼마나 환희롭고 상서로운 일입니까.
마지막으로 당부 드립니다. 부처님 명호는 말법(末法)을 살아가는 우리 중생이 의지할 수 있는 유일한 생명이자 희망입니다. 이 소중한 희망의 밧줄을 꽉 부여잡고 우리 저 극락의 세계에서 다시 만납시다.
감사합니다.

나무아미타불
나무아미타불
나무아미타불

2. 부처님 명호를 손으로 쓰는 이유

"마음이 고요하면 부처님 명호를 부르고, 마음이 산란하면 부처님 명호를 쓴다."

위 말씀은 입으로 부처님 명호를 부르는 칭명(稱名)염불과 손으로 부처님 명호를 쓰는 사명(寫名)수행을 비교 요약한 총결산입니다.

대저 염불수행은 말법시대에 가장 안전하고 가장 뛰어나며 가장 효과적이고 가장 쉬운 수행입니다. 이러한 염불수행이 때로는 벅차고 힘이 들 때가 있습니다. 마음이 산란하거나 번뇌망상이 많거나 혼침(昏沈)이 심하거나 할 때입니다. 이럴 때에는 부처님 명호를 손으로 쓰는 이른바 사명(寫名)수행을 해 보십시오.

불경이나 고승들의 어록에는 부처님 명호를 생각하거나 입으로 부르라는 말씀이 수없이 많이 나오고 불경을 서사(書寫)하라는 말씀도 많이 나오지만, 부처님 명호를 손으로 쓰라는 말씀은 거의 나오지 않습니다. 즉, 불문(佛門)에서 부처님 명호를 쓰는 것은 희유(希有)한 수행입니다. 그럼에도 왜 부처님 명호를 쓰라고 권하는 것일까요?

두 가지 이유가 있습니다.

첫째는 손으로 글씨를 쓰게 되면 의외로 정신이 한 곳에 집중되는 경우가 많습니다. 몰입도가 커진다는 뜻입니다. 현대인들은 번뇌와 망상이 많고 욕심도 많아서 마음을 가라앉힌 후 정신을 집중하는 일이 생각처럼 쉽지 않습니다. 이러한 현대인들에게 부처님 명호를 손으로 쓰는 일은 아주 훌륭한 수행법입니다.

모든 수행의 요체는 '전일(專一)'입니다. 전일(專一)이란 정신을 한 곳에 모으는 것을 말합니다. 「62억 항하사 보살들의 성호를 부르는 것보다 관세음보살 한 분의 성호를 부르는 것이 더 낫다.」는 불경의 말씀은 바로 전일(專一)의 경계를 말한 것입니다. 이러한 경지를 불교에서는 '정(定)'이라 하고, 성리학에서는 '경(敬)'이라 합니다.

어떤 수행이든 어떤 학문이든 어떤 종교든 전일(專一)은 가장 중요한 덕목입니다. 동양의 선비들은 제갈량(諸葛亮)이 〈계자서(誡子書)〉에서 말한 「무릇 군자는 고요함으로 몸을 닦고 검소함으로 덕을 기른다. 담박(淡泊)하지 않으면 뜻을 밝힐 수 없고, 고요하지 않으면 원대한 이상을 이루지 못한다.〔夫君子之行 靜以修身 儉以養德 非淡泊無以明志 非寧靜無以致遠〕」라는 격언을 공부의 전범으로 삼았습니다. 제갈량의 위 말씀은 천고의 명언이자 수행의 지침이 되기에 전혀 부족함이 없습니다. 전일(專一)이 깊어지면 지혜가 나오고 궁극에는 삼매(三昧)의 경지에 들어섭니다.

요컨대, 부처님 명호를 직접 손으로 쓰면 몰입(沒入)이 빨라지면서 부처님 명호가 나의 아뢰야식(阿賴耶識)에 저장되는 속도가 더 빨라지고 더 견고해집니다. 아미타불이라는 명호가 지닌 큰 공덕이 우리의 아뢰야식 속으로 뚫고 들어오면 우리의 업을 바꿀 수 있습니다. 왜냐하면 업의 본체가 아뢰야식 속에 있기 때문입니다. 업 자체는 본래 거짓된 것이지만, 아미타불이라는 명호는 진실한 것입니다. 아무리 큰 거짓도 약간의 진실만 못합니다. 따라서 이 명호가 귀에 들어오고 아뢰야식 속에 들어오기만 하면 아뢰야식 속에 저장되어 있던 그런 거짓된 업장들은 저절로 사라지게 됩니다.

둘째, 부처님 명호를 손으로 직접 쓰게 되면 부처님 명호가 우리 뇌에 확실히 전달되고 명료하게 입력됩니다.

예로부터 눈으로 읽는 묵독(默讀)보다 입으로 읽는 낭독(朗讀)이 뛰어나고, 낭독보다는 손으로 베껴 쓰는 필사(筆寫)가 더 낫다고 하였습니다. 역대 성현들께서 필사나 중요 부분만을 베껴 쓰는 초서(抄書) 또는 사경(寫經)을 그토록 강조하신 이유가 여기에 있습니다. 고로 책을 열 번 읽는 것보다 책을 한 번 베껴 쓰는 것이 더 낫습니다. 게다가 손으로 하는 단순한 반복은 신경계를 활성화해 정신의 안정에 이바지하며 암기력을 향상시킨다는 과학 연구도 있습니다.

손을 많이 사용하면 할수록 전두엽에 가해지는 자극이 커지고 그 과정에서 인간 두뇌의 중추인 전두엽은 자극을 해석하는 것을 넘어서 창의적 활동을 합니다. 일본의 어느 교수는 「인간이 만약 손을 사용하지 않으면 인간의 진화도 멈출 것이다.」라고까지 말한 바 있습니다.

손으로 글씨를 쓰게 되면 컴퓨터 자판에 치는 것보다 표현력이 풍부해지고 글을 빨리 쓰게 되며 문장의 완성도도 더 높다는 연구 결과도 있습니다.

우리가 손으로 경전 등을 직접 쓰게 되면 마음의 응어리가 녹고 안정되는가 하면 꽉 막혔던 가슴이 뻥 뚫리기도 하고 가벼워지기도 합니다. 쓰면서 다른 생각을 덜 하게 되니 정신이 집중되는 효과가 있는가 하면, 우울증이나 번뇌도 줄어들고 가슴 속에서 뭔가 터져 나오는 그 무엇이 마음을 정화시켜 주기도 합니다. 문장력이 향상되고 자신을 되돌아보게 하는 효과는 덤입니다.

요즘 우리나라에 필사(筆寫)바람이 불고 있습니다. 유명한 소설이나 뛰어난 시(詩) 또는 〈논어〉〈중용〉〈노자〉〈명심보감〉과 같은 고전 등을 베

독경은 부처님의 관정을 받아들여 감응하는 것
지극히 높고 위없는 불법을 전수하는 관정灌頂

무량수경은 일체 모든 부처님이 중생을 구제하여 불도를 이루게 하는 제일법문입니다. 만일 공경하는 마음으로 한번 읽는다면 아미타불이 우리에게 한번 관정灌頂할 뿐만 아니라, 시방삼세 일체 제불 역시 우리에게 한번 관정합니다. 이와 같이 수승한 일을 만약 항상 독송한다면 자신도 모르는 사이에 모든 부처님의 가피를 받게 되며, 이것이 바로 감응입니다.

一정공법사, 무량수경친문기

꺼 쓰는 책이나 모임이 속속 생겨나고 있고 필사를 취미로 삼는 분들도 계속 늘고 있습니다.

「책을 눈으로 읽는 것은 하(下)의 독서요, 입으로 소리 내어 읽는 것은 중(中)의 독서요, 베껴 쓰는 것은 상(上)의 독서다.」라는 말씀처럼, 책을 베껴 쓰는 일은 가장 뛰어난 독서법입니다.

베껴 쓰는 것에도 등급이 있습니다. 현대인이 쓴 유명한 시나 소설 등의 문장을 베껴 쓰는 일은 하품(下品)입니다. 이는 문장력과 기억력을 향상시켜 주고 공명(共鳴)과 공감(共感)의 기능을 해줄 뿐만 아니라 위무(慰撫)나 카타르시스(정화)의 기능도 있습니다.

모름지기 훌륭한 음악이나 미술, 불후(不朽)의 문장 등을 창작한 사람들은 영안(靈眼)이 있거나 개안(開眼)의 경지에 오른 이가 많기 때문에 고금(古今)을 통하여 많은 사람들에게 깊은 울림을 주는 것입니다.

사마천의 〈사기(史記)〉나 당송팔대가(唐宋八大家) 등의 시문(詩文), 주희(朱熹)나 왕양명(王陽明)과 같은 대학자들 또는 한 분야에서 일가(一家)를 이룬 자들의 글을 베껴 쓰는 것은 중품(中品)입니다. 이들의 글은 중후(重厚)하고 심오하며 한 방면에 뛰어난 천재나 문호(文豪)들이 지은 글이기에 경지가 대단히 높습니다. 이들은 가히 범부(凡夫)의 극과(極果)에 이르렀다 하겠습니다.

〈중용〉〈맹자〉〈대학〉〈노자〉〈장자〉와 같은 유교나 도교 류(類)의 경전을 베껴 쓰는 것은 상품(上品)입니다. 이들 경전은 범부(凡夫)를 뛰어넘은 성현께서 쓰신 것이기 때문에 수준이 지극히 높습니다. 인간과 세상의 이치를 밝혀 놓았고 우주와 물리(物理)는 물론 인간의 심성과 성인(聖人)이 되는 도리 등에 대해 논하였습니다. 그러기에 이 책들을 자주 읽거나 외우면 어느 정도 공덕을 얻을 수 있고 도덕 수준이 높아지며 속기(俗氣)와 탁기(濁氣)를 없애고 인간 본래의 삶을 회복할 수 있습니다. 하지만 이들 경전들은 궁극이 아닙니다. 궁극이 아니기에 이 책들만 가지고는 삼계를 벗어날 수 없고 기껏해야 삼계(三界) 내에서 뛰노는 성인이나 불로장생(不老長生)하는 신선의 경지에 오를 뿐입니다.

최상품(最上品)은 바로 불경(佛經)을 베껴 쓰는 일입니다. 불경은 법신사리(法身舍利)이고 법보(法寶)로 존숭 받습니다. 불경은 최상승(最上乘)의 진리를 응축시켜 놓은 결정체이며 진신사리(眞身舍利)와 동일시되기도 합니다. 불경은 부처님의 진여 법성에서 흘러나온 문자이기 때문에 이보다 더 선한 것은 없습니다. 불경은 모든 중생에게 혜택을 줄 뿐만 아니라 하늘과 땅에 사는 일체 중생의 귀의(歸依)의 대상입니다. 다른 종

교의 경전들은 불경에 비할 수조차 없습니다. 불경은 인간이 구축해 놓은 문(文)의 정화(精華)이자 최고봉입니다. 불경은 인류의 작품들 중에서 문장이 가장 아름답고 거기에 담긴 이치도 가장 심오할 뿐만 아니라 지혜와 공덕이 나오는 원천이기도 합니다.

요컨대, 불경을 지극한 마음으로 읽거나 외우면 지혜가 증장되고 인과(因果)를 알게 되며 업장이 녹게 됩니다. 그 결과 삼계를 벗어날 수 있습니다. 고로 우리는 이왕이면 불경을 베껴 써야 합니다.

그런데 여기서 한 가지 질문을 제기하고자 합니다. 부처님 말씀인 경(經)은 베껴 쓰면서 부처님 이름은 베껴 쓰면 안 되는 걸까요? 부처님의 팔만사천법문이 '나무아미타불' 여섯 자에 다 들어 있다고 고승들께서 누누이 말씀하셨는데, 그렇다면 부처님 이름을 베껴 쓰는 것이 사경을 하는 것보다 더 뛰어난 공덕이 되지 않겠습니까?

팔만대장경 전부를 사경하는 것은 불가능하지만, 부처님 명호를 반복해서 쓰는 것은 누구나 가능하지 않겠습니까?

부처님 명호를 쓰는 것은 이렇습니다.
① 부처님 명호를 손으로 쓰고
② 종이에 쓴 부처님 명호를 눈으로 보며
③ 입으로(또는 속으로) 부처님 명호를 부릅니다.

칭명(稱名)염불은 입이나 마음속으로 부처님 명호를 부르면서 그 소리를 자기 귀로 분명하게 듣는 수행입니다.

손으로 부처님 명호를 쓰는 사명(寫名)수행은 손으로도 염불하고 눈으로도 염불하고 입으로도 염불하는 수행입니다. 나무아미타불 여섯 자를 정신을 집중하고 정성을 들여 쓴다면 팔만대장경을 전부 사경한 것과 같은 공덕이 있습니다.

입으로 부처님 명호를 간절하게 부르는 것도 염불이고 마음속으로 부처님 명호를 간절하게 생각하는 것도 염불인데, 부처님 명호를 손으로 쓰면 저절로 부처님 명호를 생각하게 되니 이 또한 염불이 아니겠습니까.
부처님 말씀인 불경을 베껴 쓰는 것이 사경인데, 부처님 명호를 베껴 쓰는 것 또한 사경이 아니겠습니까.
고요히 마음을 가라앉히고 내 안에 있는 부처님 성품을 밝혀내는 것이 참선인데, 고요한 가운데 부처님 명호를 쓰게 되면 저절로 내 성품이 드러나게 되니 이 또한 참선이 아니겠습니까.
고로 부처님 명호를 손으로 쓰는 일은 곧 염불이요 사경이며 참선인 것입니다.

아미타불이라는 명호는 부처님의 본체(本體)를 대표합니다. 아미타불의 48대원과 극락세계의 수승한 공덕이 아미타불이라는 명호 속에 원만히 갖추어져 있습니다. 게다가 시방세계의 모든 부처님들께서는 아미타불을 이구동성으로 찬탄하고 계십니다.
연꽃이 더러운 진흙에 물들지 않는 것처럼, 우리가 탐진치와 번뇌와 망상과 산란한 가운데에서 부처님의 명호를 부르거나 썼다 할지라도 우리의 공덕이나 지혜는 번뇌와 망상 등에 전혀 오염되지 않습니다. 나무아미타불 여섯 자를 생각하거나 부르거나 손으로 쓰는 그 순간, 그 사람은 32가지 공덕을 성취하며 극락의 연꽃이 꽃봉오리를 맺기 시작하고 숙생에 지은 백 천만 억의 업장들이 허물어지기 시작합니다. 게다가 극락에 왕생하는 즉시 성현의 반열에 오릅니다. 상근기·중근기·하근기 모두를

섭수(攝受)할 수 있는 수행법은 염불밖에 없으며, 만 명이 닦아 만 명 모두 성공하는 수행법도 역시 염불밖에 없습니다.

《화엄경》의 보현행원(普賢行願)이나 《법화경》의 일심삼관(一心三觀)은 하근기가 아닌 상근기에 적합한 수행입니다. 참선도 오로지 상근기를 위한 수행법입니다. 밀교(密敎)는 훌륭한 스승이 없이는 닦아선 안 되는 수행입니다. 《능엄경》에 나오는 25가지 수행법이나 《원각경》에 나오는 12가지의 수행법, 《유마경》에 나오는 33가지의 수행법인 불이법문(不二法門), 대세지보살염불원통장에 나오는 정념상계(淨念相繼), 《아미타경》에 나오는 일심불란(一心不亂), 《관무량수경》에 나오는 16관법(觀法) 중 하배관(下輩觀)의 하품하생(下品下生)을 제외한 나머지 15가지는 말법을 살아가는 하근기들에게는 불가능한 수행법들입니다.

「1, 2천년 이래로 참선을 배운 많은 사람들이 수지(修持) 공부가 높은 경지에 이르지 못하여 결국은 역시 생사윤회 속으로 들어가지 않으면 안 되었습니다.」라는 대선지식의 말씀을 우리는 귀담아들어야 합니다.

염불은 위로는 등각보살부터 아래로는 오역십악(五逆十惡)은 물론 정법(正法)을 비방한 사람이나 반야(般若)를 비방한 사람도 닦을 수 있는 수행입니다. 염불은 실패할 가능성이 가장 적고 가장 쉬우며 효과가 가장 확실한 수행법입니다. 염불은 정토삼부경뿐만 아니라 《화엄경》《법화경》《능엄경》《대반열반경》《대집경》《대비경》《대보적경》《반주삼매경》《상법결의경》《월장경》〈대승기신론〉〈대지도론〉 등 수많은 경론(經論)에서 설해지고 있습니다.

뿐만 아니라 아미타불의 후신(後身)인 영명(永明) 연수(延壽)선사, 역시 아미타불의 후신으로 인정받은 선도(善導)대사, 그 선도대사의 후신인 소강(少康)대사, 대세지보살의 후신인 인광(印光)대사 등 수많은 불보살의 화신들과, 현대의 유마거사인 중국의 남회근(南懷瑾) 국사, 보살로 추앙받는 인도의 마명(馬鳴)보살, 8지(八地)보살의 화신이라고 추앙받는 한국의 원효대사, 중국 명나라의 4대 고승인 운서(雲棲) 연지(蓮池)대사 · 우익(藕益) 지욱(智旭)대사 · 감산(憨山) 덕청(德淸)대사 · 자백(紫栢) 진가(眞可)대사, 중국 근대의 고승인 홍일(弘一)대사 · 태허(太虛)법사 · 허운(虛雲)선사 · 제한(諦閑)대사 등 과위를 증득하신 수많은 고승대덕들께서 염불수행을 누누이 그리고 간곡히 권하셨습니다.

아! 세상의 똑똑한 자들과 지식이 많은 자들과 권세가 많은 자들과 부귀영화를 누리는 자들과 외도(外道)를 믿는 자들과 교만한 자들과 의심이 많은 자들과 삼악도에서 막 올라온 자들은 염불을 믿지 않고 오히려 비방하기까지 하니 어찌 슬프지 아니한가.
또 참선을 하는 자들과 진언(眞言)에 매달리는 자들과 소승(小乘)에 탐착(貪着)하는 자들과 밀종(密宗)을 닦는 자들은 쉽고도 확실한 수행법을 놓아두고 굳이 먼 길을 돌아가려 하니, 이 어찌 통곡할 일이 아닌가.
「염불왕생 법문은 원돈교(圓頓敎) 가운데 가장 빠른 길이다.」
대세지보살이신 인광대사님의 성언(聖言)입니다. 우리는 위 말씀을 깊이 새겨야 합니다.

부처님 명호를 한자(漢字)로 쓸 것인지 아니면 한글로 쓸 것인지에 대해 많은 고민을 하였습니다. 그 결과 한글이 더 낫겠다는 결론에 이르렀습니다. 그리고 한 권당 3,000번을 쓸 수 있도록 하였습니다. 서두르지 마시고 천천히 하시길 바랍니다. 하루에 한 페이지, 곧 20번만 쓰셔도 충분합니다. 단, 꾸준히 그리고 규칙적으로 쓰시길 빕니다. 관건은 '정성'과 '간절함' 그리고 '전일(專一)'입니다.

부처님 명호를 손으로 쓰는 일은 염불과 마찬가지로 전생에 엄청난 선근과 복덕을 쌓아야만 가능합니다. 미국의 록펠러(Rockefeller)와 같은 지극히 부유한 자들이나 중국의 황제들처럼 하늘 높은 권세를 가진 자들이나 중국의 왕필(王弼)과 소동파(蘇東坡)를 합쳐 놓은 것과 같이 대총명을 가진 자들도 결국엔 다시 윤회 속으로 빠지지 않으면 안 되었습니다. 전생에 쌓아놓은 대복덕과 대선근이 없어서입니다.

아미타불의 중생구제를 믿어 받아들이고, 오직 아미타불의 명호만 부르며, 남에게도 염불수행을 권하는 사람은 대복보와 대지혜를 갖춘 사람이요, 대선근과 대공덕을 갖춘 사람이요, 분다리화(分陀利華) 같은 사람이요, 사람 위의 사람이요, 희유한 사람이요, 가장 수승한 사람입니다. 그러니 주변 분들에게도 염불수행을 적극 전법(傳法)하시기 바랍니다.

부처님 명호를 손으로 정성스럽게 쓰는 것만큼 아름다운 모습은 어디에도 없습니다. 지혜와 공덕의 보장(寶藏)인 '나무아미타불' 여섯 자를 오늘부터 당장 써보시길 간청합니다.

마지막으로 이 책이 계기가 되어 모두 극락에 왕생하시길 발원합니다.

극락에서 뵙겠습니다.

나무아미타불

나무아미타불

나무아미타불

3. 부처님 명호가 지닌 공덕

「나무아미타불」 여섯 자에는 비로자나불의 비밀장엄(祕密莊嚴)과 노사나불의 대각과(大覺果)와 석가모니불의 천백억화신(千百億化身)이 들어 있습니다.

「나무아미타불」 여섯 자에는 불법승 삼보(三寶)와 법신(法身)·보신(報身)·화신(化身)의 삼신(三身)과 반야·법신·해탈의 삼덕(三德)과 대원경지(大圓鏡智:無等無倫最勝廣智)·평등성지(平等性智:大乘廣智)·묘관찰지(妙觀察智:不可稱智)·성소작지(成所作智:不思議智)가 들어 있습니다.

「나무아미타불」 여섯 자에는 선(禪)의 견성성불(見性成佛)과 교(敎)의 대개원해(大開圓解)와 밀(密)의 즉신성불(卽身成佛)의 도리가 들어 있습니다.

「나무아미타불」 여섯 자에는 화엄경의 법장(法藏)과 법화경의 골수(骨髓)와 유마경의 불이법문과 반야경의 종지(宗旨)와 원각경의 대의(大意)와 능엄경의 밀인(密因)과 금강경의 오의(奧義)와 무량수경의 제일의(第一義)와 제불(諸佛)의 심요(心要)와 제보살 만행(萬行)의 지남(指南)이 모조리 들어가 있습니다.

「나무아미타불」 여섯 자는 여래의 본심(本心)이자 여래의 성품(性品)이며 청정실상(淸淨實相)이자 일대사인연(一大事因緣)입니다. 세간·출세간의 무애자재(無碍自在)와 무량수의 감로(甘露)와 대승의 극과(極果)와 일진법계(一眞法界)와 대원만(大圓滿)과 마하반야바라밀과 보왕삼매(寶王三昧)와 불지견(佛知見)과 해탈지견(解脫知見)과 능단무명(能斷無明)과 제장애(除障碍)와 삼무루학(三無漏學)과 자성청정불(自性淸淨佛)이 들어가 있습니다.

「나무아미타불」 여섯 자에는 아미타불의 광대원력(廣大願力)과 약사유리광불의 십이상원(十二上願)과 문수보살의 대지혜와 보현보살의 광대행(廣大行)과 관세음보살의 삼십이응신(三十二應身)과 지장보살의 심중서원(深重誓願)과 유마거사의 무애변재(無碍辯才)와 마하가섭존자의 전불심등(傳佛心燈)과 아난존자의 유통교해(流通敎海)와 금강살타보살의 전수밀교(傳受密敎)가 들어가 있습니다.

「나무아미타불」 여섯 자는 대선종(大禪宗), 대밀종(大密宗), 일승원교(一乘圓敎), 원돈대법(圓頓大法), 무상보리(無上菩提), 무위열반(無爲涅槃), 무상요의(無上了義), 과지법문(果地法門), 제일선방편(第一善方便), 삼근보피(三根普被), 구경원만(究竟圓滿), 제법실상(諸法實相), 원융무애(圓融無碍), 대광명법장(大光明法藏), 대비밀(大祕密), 대총지(大總持)의 법문입니다.

「나무아미타불」 여섯 자는 무진보장(無盡寶藏), 여의보주(如意寶珠), 수청주(水淸珠), 멸제정업(滅除定業), 무상선(無上禪), 자성선(自性禪), 이행도(易行道), 무등등주(無等等呪), 대인경계(大人境界)의 법문입니다.

「나무아미타불」 여섯 자는 일대장경(一大藏經)과 백천다라니와 시방삼세불과 제대보살과 일체연각승과 무량성문승을 다 갖추었습니다.

「나무아미타불」 여섯 자에 삼계(三界)의 일체 중생과 삼승(三乘)의 성현들과 일체의 호법천신이 귀의합니다.

「나무아미타불」 여섯 자는 만덕홍명(萬德洪名), 초범입성(超凡入聖), 대선근(大善根), 대복덕(大福德), 무루공덕(無漏功德), 길상광명(吉祥光明), 이고득락(離苦得樂), 만선동귀(萬善同歸), 상락아정(常樂我靜), 해탈열반(解脫涅槃)의 법문입니다.

「나무아미타불」 여섯 자는 아미타불의 광대무변한 대공덕과 대자대비하신 중생구제 대발원과 청정원만한 대지혜가 들어 있습니다.

「나무아미타불」 여섯 자는 불가사의하고 불가사의하며 불가사의합니다. 오직 무상정등정각을 성취하신 부처님만이 그 깊은 뜻을 아실뿐, 등각보살이나 조사님들도 조금밖에 알지 못합니다.

부처님 이름은 만겁이 지나도
그 공덕이 다하지 않는다.
_원효대사

부처님 이름을 한 번 부르면,
한 번의 소리가 불가사의하다.
부처님 이름을 열 번, 백 번, 천 번, 만 번…
끝없이 부처님 이름을 부르면
소리소리 마다 모두 불가사의하다.
_우익대사

일체의 모든 불보살의 이름은
마음대로 지은 것이 아닙니다.
그 이름 가운데는 불보살의
발원과 공덕이 다 들어가 있습니다.
_남회근 국사

부처님의 명호를 부르는 것은
부처님이 갖고 계신 공덕을
자신의 공덕으로 바꾸는 것입니다.
_정공법사

4. 유의 사항

1. 부처님 명호를 쓰기 전에는 과식을 하지 않습니다. 배불리 먹으면 집중이 되지 않을 뿐만 아니라 만사가 귀찮아지고 졸음이 오게 됩니다.
2. 세수를 하고 양치질을 합니다. 그리고 깨끗하고 단정한 옷으로 갈아입습니다. 잠옷이나 체육복, 반바지 등 불경(不敬)한 옷차림은 하지 않습니다.
3. 방과 책상 주변을 깨끗이 치우고, 핸드폰이나 TV 등은 끕니다.
4. 부처님 명호 쓰기 전용 펜을 준비하여 앞으로 그 펜만 계속 사용합니다.
5. 자세를 바르게 한 후 몇 분간 입정(入定)을 합니다.
6. 쓰기 전에 **정구업진언**(수리수리 마하수리 수수리 사바하)을 세 번 낭독한 후, **나무상주시방불 · 나무상주시방법 · 나무상주시방승**을 역시 세 번 합니다. 그런 후 불상이나 불경을 향해 절을 세 번 올립니다.
7. 이제 쓰기 시작합니다. 바른 자세로 앉아 한 자 한 자 또박또박 정성을 들여 써 나갑니다. 쓰는 것을 눈으로 보고 마음속 또는 입으로 한 번 읽습니다.
8. 하루 분량을 마치기 전에 중간에 화장실에 가거나 전화통화를 하거나 대화를 하지 않습니다.
9. 하루 분량을 다 쓴 후 **나무아미타불 · 나무관세음보살 · 나무대세지보살**을 세 번 하고 **회향게**(원이차공덕 보급어일체 아등여중생 당생극락국 동견

무량수 개공성불도)를 세 번 봉독합니다.

10. 자기가 쓴 아미타불 명호에 절을 세 번 올립니다. 이로써 모든 것이 끝납니다.

11. 100일 또는 한 달을 정해서 하는 경우 이 기간 동안엔 하루도 빠짐 없이 씁니다.

12. 부처님 명호를 다 쓴 노트 등을 가정에서는 가장 청정한 장소에 봉안하고 인연이 닿으면 절의 탑이나 불상(佛像)의 복장(腹藏)에 봉안합니다. 함부로 불에 태우거나 집에 방치해서는 안 됩니다. 평생토록 집에 두고 있어도 좋고 남에게 선물해도 좋습니다.

13. 다 쓴 후 회향문에 자신의 발원이나 회향하려는 내용을 직접 써 넣습니다.

14. 부처님 명호를 쓸 때에는 참회하는 마음, 불보살님과 모든 존재에게 감사하는 마음, 극락에 왕생하고자 하는 마음을 강하게 품습니다.

15. 다른 분들에게도 부처님 명호 쓰는 것을 많이 권하시길 부탁드립니다. 그리고 본 사명집(寫名集)을 많은 분들에게 선물하십시오. 교도소나 군부대, 요양원, 학교 등지에 법보시를 하시면 불가사의한 공덕을 짓게 됩니다.

나무아미타불	나무아미타불
나무아미타불	나무아미타불
나무아미타불	나무아미타불
나무아미타불	나무아미타불
나무아미타불	나무아미타불
나무아미타불	나무아미타불
나무아미타불	나무아미타불
나무아미타불	나무아미타불
나무아미타불	나무아미타불
나무아미타불	나무아미타불

20___년 월 일 (번)

나무아미타불	나무아미타불
나무아미타불	나무아미타불
나무아미타불	나무아미타불
나무아미타불	나무아미타불
나무아미타불	나무아미타불
나무아미타불	나무아미타불
나무아미타불	나무아미타불
나무아미타불	나무아미타불
나무아미타불	나무아미타불
나무아미타불	나무아미타불

20___년 월 일 (번)

나무아미타불　나무아미타불

나무아미타불　나무아미타불

나무아미타불　나무아미타불

나무아미타불　나무아미타불

나무아미타불　나무아미타불

나무아미타불　나무아미타불

나무아미타불　나무아미타불

나무아미타불　나무아미타불

나무아미타불　나무아미타불

나무아미타불　나무아미타불

20___년 월 일 (번)

나무아미타불　나무아미타불

나무아미타불　나무아미타불

나무아미타불　나무아미타불

나무아미타불　나무아미타불

나무아미타불　나무아미타불

나무아미타불　나무아미타불

나무아미타불　나무아미타불

나무아미타불　나무아미타불

나무아미타불　나무아미타불

나무아미타불　나무아미타불

20___년 월 일 (번)

나무아미타불　나무아미타불

나무아미타불　나무아미타불

나무아미타불　나무아미타불

나무아미타불　나무아미타불

나무아미타불　나무아미타불

나무아미타불　나무아미타불

나무아미타불　나무아미타불

나무아미타불　나무아미타불

나무아미타불　나무아미타불

나무아미타불　나무아미타불

20___년　월　일 (　　번)

나무아미타불　나무아미타불

나무아미타불　나무아미타불

나무아미타불　나무아미타불

나무아미타불　나무아미타불

나무아미타불　나무아미타불

나무아미타불　나무아미타불

나무아미타불　나무아미타불

나무아미타불　나무아미타불

나무아미타불　나무아미타불

20___년　월　일（　　번）

나무아미타불　나무아미타불

나무아미타불　나무아미타불

나무아미타불　나무아미타불

나무아미타불　나무아미타불

나무아미타불　나무아미타불

나무아미타불　나무아미타불

나무아미타불　나무아미타불

나무아미타불　나무아미타불

나무아미타불　나무아미타불

나무아미타불　나무아미타불

나무아미타불　나무아미타불

나무아미타불　나무아미타불

나무아미타불　나무아미타불

나무아미타불　나무아미타불

나무아미타불　나무아미타불

나무아미타불　나무아미타불

나무아미타불　나무아미타불

나무아미타불　나무아미타불

나무아미타불　나무아미타불

나무아미타불　나무아미타불

20___년 월 일 (　　번)

나무아미타불　　나무아미타불

나무아미타불　　나무아미타불

나무아미타불　　나무아미타불

나무아미타불　　나무아미타불

나무아미타불　　나무아미타불

나무아미타불　　나무아미타불

나무아미타불　　나무아미타불

나무아미타불　　나무아미타불

나무아미타불　　나무아미타불

나무아미타불　　나무아미타불

나무아미타불　　나무아미타불

나무아미타불　　나무아미타불

나무아미타불　　나무아미타불

나무아미타불　　나무아미타불

나무아미타불　　나무아미타불

나무아미타불　　나무아미타불

나무아미타불　　나무아미타불

나무아미타불　　나무아미타불

나무아미타불　　나무아미타불

나무아미타불　　나무아미타불

20___년 월 일 (　　번)

나무아미타불　　나무아미타불

나무아미타불　　나무아미타불

나무아미타불　　나무아미타불

나무아미타불　　나무아미타불

나무아미타불　　나무아미타불

나무아미타불　　나무아미타불

나무아미타불　　나무아미타불

나무아미타불　　나무아미타불

나무아미타불　　나무아미타불

20___년 월 일 (번)

나무아미타불 나무아미타불

나무아미타불 나무아미타불

나무아미타불 나무아미타불

나무아미타불 나무아미타불

나무아미타불 나무아미타불

나무아미타불 나무아미타불

나무아미타불 나무아미타불

나무아미타불 나무아미타불

나무아미타불 나무아미타불

나무아미타불 나무아미타불

20___년 월 일 (번)

나무아미타불　　나무아미타불

나무아미타불　　나무아미타불

나무아미타불　　나무아미타불

나무아미타불　　나무아미타불

나무아미타불　　나무아미타불

나무아미타불　　나무아미타불

나무아미타불　　나무아미타불

나무아미타불　　나무아미타불

나무아미타불　　나무아미타불

나무아미타불　　나무아미타불

20___년 월 일 (　　번)

나무아미타불 나무아미타불

나무아미타불 나무아미타불

나무아미타불 나무아미타불

나무아미타불 나무아미타불

나무아미타불 나무아미타불

나무아미타불 나무아미타불

나무아미타불 나무아미타불

나무아미타불 나무아미타불

나무아미타불 나무아미타불

나무아미타불 나무아미타불

20___년 월 일 (번)

나무아미타불　나무아미타불

나무아미타불　나무아미타불

나무아미타불　나무아미타불

나무아미타불　나무아미타불

나무아미타불　나무아미타불

나무아미타불　나무아미타불

나무아미타불　나무아미타불

나무아미타불　나무아미타불

나무아미타불　나무아미타불

나무아미타불　나무아미타불

20___년 월 일 (번)

나무아미타불　　나무아미타불

나무아미타불　　나무아미타불

나무아미타불　　나무아미타불

나무아미타불　　나무아미타불

나무아미타불　　나무아미타불

나무아미타불　　나무아미타불

나무아미타불　　나무아미타불

나무아미타불　　나무아미타불

나무아미타불　　나무아미타불

나무아미타불　　나무아미타불

나무아미타불	나무아미타불
나무아미타불	나무아미타불
나무아미타불	나무아미타불
나무아미타불	나무아미타불
나무아미타불	나무아미타불
나무아미타불	나무아미타불
나무아미타불	나무아미타불
나무아미타불	나무아미타불
나무아미타불	나무아미타불
나무아미타불	나무아미타불

20___년 월 일 (번)

나무아미타불　나무아미타불

나무아미타불　나무아미타불

나무아미타불　나무아미타불

나무아미타불　나무아미타불

나무아미타불　나무아미타불

나무아미타불　나무아미타불

나무아미타불　나무아미타불

나무아미타불　나무아미타불

나무아미타불　나무아미타불

20＿＿＿년　월　일 (　　번)

나무아미타불 나무아미타불

나무아미타불 나무아미타불

나무아미타불 나무아미타불

나무아미타불 나무아미타불

나무아미타불 나무아미타불

나무아미타불 나무아미타불

나무아미타불 나무아미타불

나무아미타불 나무아미타불

나무아미타불 나무아미타불

나무아미타불 나무아미타불

20___년 월 일 (번)

나무아미타불	나무아미타불
나무아미타불	나무아미타불
나무아미타불	나무아미타불
나무아미타불	나무아미타불
나무아미타불	나무아미타불
나무아미타불	나무아미타불
나무아미타불	나무아미타불
나무아미타불	나무아미타불
나무아미타불	나무아미타불
나무아미타불	나무아미타불

20___년 월 일 (번)

나무아미타불	나무아미타불
나무아미타불	나무아미타불
나무아미타불	나무아미타불
나무아미타불	나무아미타불
나무아미타불	나무아미타불
나무아미타불	나무아미타불
나무아미타불	나무아미타불
나무아미타불	나무아미타불
나무아미타불	나무아미타불
나무아미타불	나무아미타불

20___년 월 일 (번)

나무아미타불　　나무아미타불

나무아미타불　　나무아미타불

나무아미타불　　나무아미타불

나무아미타불　　나무아미타불

나무아미타불　　나무아미타불

나무아미타불　　나무아미타불

나무아미타불　　나무아미타불

나무아미타불　　나무아미타불

나무아미타불　　나무아미타불

나무아미타불	나무아미타불
나무아미타불	나무아미타불
나무아미타불	나무아미타불
나무아미타불	나무아미타불
나무아미타불	나무아미타불
나무아미타불	나무아미타불
나무아미타불	나무아미타불
나무아미타불	나무아미타불
나무아미타불	나무아미타불
나무아미타불	나무아미타불

나무아미타불　　나무아미타불

나무아미타불　　나무아미타불

나무아미타불　　나무아미타불

나무아미타불　　나무아미타불

나무아미타불　　나무아미타불

나무아미타불　　나무아미타불

나무아미타불　　나무아미타불

나무아미타불　　나무아미타불

나무아미타불　　나무아미타불

나무아미타불　　나무아미타불

20＿＿＿년 월 일 (　　번)

나무아미타불　　나무아미타불

나무아미타불　　나무아미타불

나무아미타불　　나무아미타불

나무아미타불　　나무아미타불

나무아미타불　　나무아미타불

나무아미타불　　나무아미타불

나무아미타불　　나무아미타불

나무아미타불　　나무아미타불

나무아미타불　　나무아미타불

나무아미타불　　나무아미타불

나무아미타불	나무아미타불
나무아미타불	나무아미타불
나무아미타불	나무아미타불
나무아미타불	나무아미타불
나무아미타불	나무아미타불
나무아미타불	나무아미타불
나무아미타불	나무아미타불
나무아미타불	나무아미타불
나무아미타불	나무아미타불
나무아미타불	나무아미타불

20___년 월 일 (번)

나무아미타불　　나무아미타불

나무아미타불　　나무아미타불

나무아미타불　　나무아미타불

나무아미타불　　나무아미타불

나무아미타불　　나무아미타불

나무아미타불　　나무아미타불

나무아미타불　　나무아미타불

나무아미타불　　나무아미타불

나무아미타불　　나무아미타불

나무아미타불　　나무아미타불

나무아미타불	나무아미타불
나무아미타불	나무아미타불
나무아미타불	나무아미타불
나무아미타불	나무아미타불
나무아미타불	나무아미타불
나무아미타불	나무아미타불
나무아미타불	나무아미타불
나무아미타불	나무아미타불
나무아미타불	나무아미타불
나무아미타불	나무아미타불

20___년 월 일 (번)

나무아미타불	나무아미타불
나무아미타불	나무아미타불
나무아미타불	나무아미타불
나무아미타불	나무아미타불
나무아미타불	나무아미타불
나무아미타불	나무아미타불
나무아미타불	나무아미타불
나무아미타불	나무아미타불
나무아미타불	나무아미타불
나무아미타불	나무아미타불

20___년 월 일 (번)

나무아미타불　나무아미타불

나무아미타불　나무아미타불

나무아미타불　나무아미타불

나무아미타불　나무아미타불

나무아미타불　나무아미타불

나무아미타불　나무아미타불

나무아미타불　나무아미타불

나무아미타불　나무아미타불

나무아미타불　나무아미타불

나무아미타불　나무아미타불

20＿＿＿년　월　일（　　번）

나무아미타불	나무아미타불
나무아미타불	나무아미타불
나무아미타불	나무아미타불
나무아미타불	나무아미타불
나무아미타불	나무아미타불
나무아미타불	나무아미타불
나무아미타불	나무아미타불
나무아미타불	나무아미타불
나무아미타불	나무아미타불
나무아미타불	나무아미타불

20___년 월 일 (번)

나무아미타불	나무아미타불
나무아미타불	나무아미타불
나무아미타불	나무아미타불
나무아미타불	나무아미타불
나무아미타불	나무아미타불
나무아미타불	나무아미타불
나무아미타불	나무아미타불
나무아미타불	나무아미타불
나무아미타불	나무아미타불
나무아미타불	나무아미타불

20___년 월 일 (번)

나무아미타불	나무아미타불
나무아미타불	나무아미타불
나무아미타불	나무아미타불
나무아미타불	나무아미타불
나무아미타불	나무아미타불
나무아미타불	나무아미타불
나무아미타불	나무아미타불
나무아미타불	나무아미타불
나무아미타불	나무아미타불
나무아미타불	나무아미타불

20___년 월 일 (번)

나무아미타불　　나무아미타불

나무아미타불　　나무아미타불

나무아미타불　　나무아미타불

나무아미타불　　나무아미타불

나무아미타불　　나무아미타불

나무아미타불　　나무아미타불

나무아미타불　　나무아미타불

나무아미타불　　나무아미타불

나무아미타불　　나무아미타불

20___년 월 일 (번)

나무아미타불　　나무아미타불

나무아미타불　　나무아미타불

나무아미타불　　나무아미타불

나무아미타불　　나무아미타불

나무아미타불　　나무아미타불

나무아미타불　　나무아미타불

나무아미타불　　나무아미타불

나무아미타불　　나무아미타불

나무아미타불　　나무아미타불

나무아미타불　　나무아미타불

나무아미타불　나무아미타불

나무아미타불　나무아미타불

나무아미타불　나무아미타불

나무아미타불　나무아미타불

나무아미타불　나무아미타불

나무아미타불　나무아미타불

나무아미타불　나무아미타불

나무아미타불　나무아미타불

나무아미타불　나무아미타불

나무아미타불　나무아미타불

20___년 월 일 (　　번)

나무아미타불	나무아미타불
나무아미타불	나무아미타불
나무아미타불	나무아미타불
나무아미타불	나무아미타불
나무아미타불	나무아미타불
나무아미타불	나무아미타불
나무아미타불	나무아미타불
나무아미타불	나무아미타불
나무아미타불	나무아미타불
나무아미타불	나무아미타불

20___년 월 일 (번)

나무아미타불	나무아미타불
나무아미타불	나무아미타불
나무아미타불	나무아미타불
나무아미타불	나무아미타불
나무아미타불	나무아미타불
나무아미타불	나무아미타불
나무아미타불	나무아미타불
나무아미타불	나무아미타불
나무아미타불	나무아미타불
나무아미타불	나무아미타불

20___년 월 일 (번)

나무아미타불	나무아미타불
나무아미타불	나무아미타불
나무아미타불	나무아미타불
나무아미타불	나무아미타불
나무아미타불	나무아미타불
나무아미타불	나무아미타불
나무아미타불	나무아미타불
나무아미타불	나무아미타불
나무아미타불	나무아미타불
나무아미타불	나무아미타불

나무아미타불　　나무아미타불

나무아미타불　　나무아미타불

나무아미타불　　나무아미타불

나무아미타불　　나무아미타불

나무아미타불　　나무아미타불

나무아미타불　　나무아미타불

나무아미타불　　나무아미타불

나무아미타불　　나무아미타불

나무아미타불　　나무아미타불

나무아미타불　　나무아미타불

20___년 월 일 (　　번)

나무아미타불	나무아미타불
나무아미타불	나무아미타불
나무아미타불	나무아미타불
나무아미타불	나무아미타불
나무아미타불	나무아미타불
나무아미타불	나무아미타불
나무아미타불	나무아미타불
나무아미타불	나무아미타불
나무아미타불	나무아미타불
나무아미타불	나무아미타불

20___년 월 일 (번)

나무아미타불　나무아미타불

나무아미타불　나무아미타불

나무아미타불　나무아미타불

나무아미타불　나무아미타불

나무아미타불　나무아미타불

나무아미타불　나무아미타불

나무아미타불　나무아미타불

나무아미타불　나무아미타불

나무아미타불　나무아미타불

나무아미타불　나무아미타불

20___년 월 일 (번)

나무아미타불　　나무아미타불

나무아미타불　　나무아미타불

나무아미타불　　나무아미타불

나무아미타불　　나무아미타불

나무아미타불　　나무아미타불

나무아미타불　　나무아미타불

나무아미타불　　나무아미타불

나무아미타불　　나무아미타불

나무아미타불　　나무아미타불

20___년 월 일 (　　번)

나무아미타불	나무아미타불
나무아미타불	나무아미타불
나무아미타불	나무아미타불
나무아미타불	나무아미타불
나무아미타불	나무아미타불
나무아미타불	나무아미타불
나무아미타불	나무아미타불
나무아미타불	나무아미타불
나무아미타불	나무아미타불
나무아미타불	나무아미타불

20___년 월 일 (번)

나무아미타불 나무아미타불

나무아미타불 나무아미타불

나무아미타불 나무아미타불

나무아미타불 나무아미타불

나무아미타불 나무아미타불

나무아미타불 나무아미타불

나무아미타불 나무아미타불

나무아미타불 나무아미타불

나무아미타불 나무아미타불

나무아미타불 나무아미타불

20____년 월 일 (번)

나무아미타불 나무아미타불

나무아미타불 나무아미타불

나무아미타불 나무아미타불

나무아미타불 나무아미타불

나무아미타불 나무아미타불

나무아미타불 나무아미타불

나무아미타불 나무아미타불

나무아미타불 나무아미타불

나무아미타불 나무아미타불

나무아미타불 나무아미타불

20___년 월 일 (번)

나무아미타불	나무아미타불
나무아미타불	나무아미타불
나무아미타불	나무아미타불
나무아미타불	나무아미타불
나무아미타불	나무아미타불
나무아미타불	나무아미타불
나무아미타불	나무아미타불
나무아미타불	나무아미타불
나무아미타불	나무아미타불
나무아미타불	나무아미타불

20___년 월 일 (번)

나무아미타불　　나무아미타불

나무아미타불　　나무아미타불

나무아미타불　　나무아미타불

나무아미타불　　나무아미타불

나무아미타불　　나무아미타불

나무아미타불　　나무아미타불

나무아미타불　　나무아미타불

나무아미타불　　나무아미타불

나무아미타불　　나무아미타불

나무아미타불　　나무아미타불

20___년 월 일 (번)

나무아미타불　나무아미타불

나무아미타불　나무아미타불

나무아미타불　나무아미타불

나무아미타불　나무아미타불

나무아미타불　나무아미타불

나무아미타불　나무아미타불

나무아미타불　나무아미타불

나무아미타불　나무아미타불

나무아미타불　나무아미타불

나무아미타불　나무아미타불

나무아미타불　　나무아미타불

나무아미타불　　나무아미타불

나무아미타불　　나무아미타불

나무아미타불　　나무아미타불

나무아미타불　　나무아미타불

나무아미타불　　나무아미타불

나무아미타불　　나무아미타불

나무아미타불　　나무아미타불

나무아미타불　　나무아미타불

나무아미타불　　나무아미타불

20___년 월 일 (　　번)

나무아미타불	나무아미타불
나무아미타불	나무아미타불
나무아미타불	나무아미타불
나무아미타불	나무아미타불
나무아미타불	나무아미타불
나무아미타불	나무아미타불
나무아미타불	나무아미타불
나무아미타불	나무아미타불
나무아미타불	나무아미타불
나무아미타불	나무아미타불

20___년 월 일 (번)

나무아미타불　　나무아미타불

나무아미타불　　나무아미타불

나무아미타불　　나무아미타불

나무아미타불　　나무아미타불

나무아미타불　　나무아미타불

나무아미타불　　나무아미타불

나무아미타불　　나무아미타불

나무아미타불　　나무아미타불

나무아미타불　　나무아미타불

20＿＿＿년 월 일 (　　번)

나무아미타불　나무아미타불

나무아미타불　나무아미타불

나무아미타불　나무아미타불

나무아미타불　나무아미타불

나무아미타불　나무아미타불

나무아미타불　나무아미타불

나무아미타불　나무아미타불

나무아미타불　나무아미타불

나무아미타불　나무아미타불

나무아미타불　나무아미타불

나무아미타불　　나무아미타불

나무아미타불　　나무아미타불

나무아미타불　　나무아미타불

나무아미타불　　나무아미타불

나무아미타불　　나무아미타불

나무아미타불　　나무아미타불

나무아미타불　　나무아미타불

나무아미타불　　나무아미타불

나무아미타불　　나무아미타불

20___년 월 일 (번)

나무아미타불　　나무아미타불

나무아미타불　　나무아미타불

나무아미타불　　나무아미타불

나무아미타불　　나무아미타불

나무아미타불　　나무아미타불

나무아미타불　　나무아미타불

나무아미타불　　나무아미타불

나무아미타불　　나무아미타불

나무아미타불　　나무아미타불

나무아미타불　　나무아미타불

20___년　월　일 (　　번)

나무아미타불　나무아미타불

나무아미타불　나무아미타불

나무아미타불　나무아미타불

나무아미타불　나무아미타불

나무아미타불　나무아미타불

나무아미타불　나무아미타불

나무아미타불　나무아미타불

나무아미타불　나무아미타불

나무아미타불　나무아미타불

나무아미타불　나무아미타불

나무아미타불	나무아미타불
나무아미타불	나무아미타불
나무아미타불	나무아미타불
나무아미타불	나무아미타불
나무아미타불	나무아미타불
나무아미타불	나무아미타불
나무아미타불	나무아미타불
나무아미타불	나무아미타불
나무아미타불	나무아미타불
나무아미타불	나무아미타불

20___년 월 일 (번)

나무아미타불　　나무아미타불

나무아미타불　　나무아미타불

나무아미타불　　나무아미타불

나무아미타불　　나무아미타불

나무아미타불　　나무아미타불

나무아미타불　　나무아미타불

나무아미타불　　나무아미타불

나무아미타불　　나무아미타불

나무아미타불　　나무아미타불

나무아미타불　　나무아미타불

20___년 월 일 (번)

나무아미타불	나무아미타불
나무아미타불	나무아미타불
나무아미타불	나무아미타불
나무아미타불	나무아미타불
나무아미타불	나무아미타불
나무아미타불	나무아미타불
나무아미타불	나무아미타불
나무아미타불	나무아미타불
나무아미타불	나무아미타불
나무아미타불	나무아미타불

20___년 월 일 (번)

나무아미타불　　나무아미타불

나무아미타불　　나무아미타불

나무아미타불　　나무아미타불

나무아미타불　　나무아미타불

나무아미타불　　나무아미타불

나무아미타불　　나무아미타불

나무아미타불　　나무아미타불

나무아미타불　　나무아미타불

나무아미타불　　나무아미타불

나무아미타불　　나무아미타불

나무아미타불　나무아미타불

나무아미타불　나무아미타불

나무아미타불　나무아미타불

나무아미타불　나무아미타불

나무아미타불　나무아미타불

나무아미타불　나무아미타불

나무아미타불　나무아미타불

나무아미타불　나무아미타불

나무아미타불　나무아미타불

나무아미타불　나무아미타불

20＿＿＿년 월 일 (　　 번)

나무아미타불 나무아미타불

나무아미타불 나무아미타불

나무아미타불 나무아미타불

나무아미타불 나무아미타불

나무아미타불 나무아미타불

나무아미타불 나무아미타불

나무아미타불 나무아미타불

나무아미타불 나무아미타불

나무아미타불 나무아미타불

나무아미타불 나무아미타불

20___년 월 일 (번)

나무아미타불	나무아미타불
나무아미타불	나무아미타불
나무아미타불	나무아미타불
나무아미타불	나무아미타불
나무아미타불	나무아미타불
나무아미타불	나무아미타불
나무아미타불	나무아미타불
나무아미타불	나무아미타불
나무아미타불	나무아미타불
나무아미타불	나무아미타불

20___년 월 일 (번)

나무아미타불	나무아미타불
나무아미타불	나무아미타불
나무아미타불	나무아미타불
나무아미타불	나무아미타불
나무아미타불	나무아미타불
나무아미타불	나무아미타불
나무아미타불	나무아미타불
나무아미타불	나무아미타불
나무아미타불	나무아미타불
나무아미타불	나무아미타불

20___년 월 일 (번)

나무아미타불	나무아미타불
나무아미타불	나무아미타불
나무아미타불	나무아미타불
나무아미타불	나무아미타불
나무아미타불	나무아미타불
나무아미타불	나무아미타불
나무아미타불	나무아미타불
나무아미타불	나무아미타불
나무아미타불	나무아미타불
나무아미타불	나무아미타불

20___년 월 일 (번)

나무아미타불　　나무아미타불

나무아미타불　　나무아미타불

나무아미타불　　나무아미타불

나무아미타불　　나무아미타불

나무아미타불　　나무아미타불

나무아미타불　　나무아미타불

나무아미타불　　나무아미타불

나무아미타불　　나무아미타불

나무아미타불　　나무아미타불

나무아미타불　　나무아미타불

20____년 월 일 (　　번)

나무아미타불	나무아미타불
나무아미타불	나무아미타불
나무아미타불	나무아미타불
나무아미타불	나무아미타불
나무아미타불	나무아미타불
나무아미타불	나무아미타불
나무아미타불	나무아미타불
나무아미타불	나무아미타불
나무아미타불	나무아미타불
나무아미타불	나무아미타불

20___년 월 일 (번)

나무아미타불 나무아미타불

나무아미타불 나무아미타불

나무아미타불 나무아미타불

나무아미타불 나무아미타불

나무아미타불 나무아미타불

나무아미타불 나무아미타불

나무아미타불 나무아미타불

나무아미타불 나무아미타불

나무아미타불 나무아미타불

나무아미타불 나무아미타불

20___년 월 일 (번)

나무아미타불	나무아미타불
나무아미타불	나무아미타불
나무아미타불	나무아미타불
나무아미타불	나무아미타불
나무아미타불	나무아미타불
나무아미타불	나무아미타불
나무아미타불	나무아미타불
나무아미타불	나무아미타불
나무아미타불	나무아미타불
나무아미타불	나무아미타불

20___년 월 일 (번)

나무아미타불　　나무아미타불

나무아미타불　　나무아미타불

나무아미타불　　나무아미타불

나무아미타불　　나무아미타불

나무아미타불　　나무아미타불

나무아미타불　　나무아미타불

나무아미타불　　나무아미타불

나무아미타불　　나무아미타불

나무아미타불　　나무아미타불

20___년 월 일 (번)

나무아미타불	나무아미타불
나무아미타불	나무아미타불
나무아미타불	나무아미타불
나무아미타불	나무아미타불
나무아미타불	나무아미타불
나무아미타불	나무아미타불
나무아미타불	나무아미타불
나무아미타불	나무아미타불
나무아미타불	나무아미타불
나무아미타불	나무아미타불

20___년 월 일 (번)

나무아미타불　나무아미타불

나무아미타불　나무아미타불

나무아미타불　나무아미타불

나무아미타불　나무아미타불

나무아미타불　나무아미타불

나무아미타불　나무아미타불

나무아미타불　나무아미타불

나무아미타불　나무아미타불

나무아미타불　나무아미타불

나무아미타불　나무아미타불

20___년 월 일 (　　번)

나무아미타불	나무아미타불
나무아미타불	나무아미타불
나무아미타불	나무아미타불
나무아미타불	나무아미타불
나무아미타불	나무아미타불
나무아미타불	나무아미타불
나무아미타불	나무아미타불
나무아미타불	나무아미타불
나무아미타불	나무아미타불
나무아미타불	나무아미타불

나무아미타불	나무아미타불
나무아미타불	나무아미타불
나무아미타불	나무아미타불
나무아미타불	나무아미타불
나무아미타불	나무아미타불
나무아미타불	나무아미타불
나무아미타불	나무아미타불
나무아미타불	나무아미타불
나무아미타불	나무아미타불
나무아미타불	나무아미타불

20___년 월 일 (번)

나무아미타불	나무아미타불
나무아미타불	나무아미타불
나무아미타불	나무아미타불
나무아미타불	나무아미타불
나무아미타불	나무아미타불
나무아미타불	나무아미타불
나무아미타불	나무아미타불
나무아미타불	나무아미타불
나무아미타불	나무아미타불
나무아미타불	나무아미타불

20___년 월 일 (번)

나무아미타불　나무아미타불

나무아미타불　나무아미타불

나무아미타불　나무아미타불

나무아미타불　나무아미타불

나무아미타불　나무아미타불

나무아미타불　나무아미타불

나무아미타불　나무아미타불

나무아미타불　나무아미타불

나무아미타불　나무아미타불

나무아미타불　나무아미타불

20___년 월 일 (　번)

나무아미타불　　나무아미타불

나무아미타불　　나무아미타불

나무아미타불　　나무아미타불

나무아미타불　　나무아미타불

나무아미타불　　나무아미타불

나무아미타불　　나무아미타불

나무아미타불　　나무아미타불

나무아미타불　　나무아미타불

나무아미타불　　나무아미타불

나무아미타불　　나무아미타불

20___년 월 일 (　　번)

나무아미타불　나무아미타불

나무아미타불　나무아미타불

나무아미타불　나무아미타불

나무아미타불　나무아미타불

나무아미타불　나무아미타불

나무아미타불　나무아미타불

나무아미타불　나무아미타불

나무아미타불　나무아미타불

나무아미타불　나무아미타불

20＿＿＿년　월　일 (　　번)

나무아미타불	나무아미타불
나무아미타불	나무아미타불
나무아미타불	나무아미타불
나무아미타불	나무아미타불
나무아미타불	나무아미타불
나무아미타불	나무아미타불
나무아미타불	나무아미타불
나무아미타불	나무아미타불
나무아미타불	나무아미타불
나무아미타불	나무아미타불

20____년 월 일 (번)

나무아미타불 나무아미타불

나무아미타불 나무아미타불

나무아미타불 나무아미타불

나무아미타불 나무아미타불

나무아미타불 나무아미타불

나무아미타불 나무아미타불

나무아미타불 나무아미타불

나무아미타불 나무아미타불

나무아미타불 나무아미타불

나무아미타불 나무아미타불

20___년 월 일 (번)

나무아미타불 나무아미타불

나무아미타불 나무아미타불

나무아미타불 나무아미타불

나무아미타불 나무아미타불

나무아미타불 나무아미타불

나무아미타불 나무아미타불

나무아미타불 나무아미타불

나무아미타불 나무아미타불

나무아미타불 나무아미타불

나무아미타불 나무아미타불

20____년 월 일 (번)

나무아미타불　나무아미타불

나무아미타불　나무아미타불

나무아미타불　나무아미타불

나무아미타불　나무아미타불

나무아미타불　나무아미타불

나무아미타불　나무아미타불

나무아미타불　나무아미타불

나무아미타불　나무아미타불

나무아미타불　나무아미타불

20___년 월 일 (　　번)

나무아미타불 나무아미타불

나무아미타불 나무아미타불

나무아미타불 나무아미타불

나무아미타불 나무아미타불

나무아미타불 나무아미타불

나무아미타불 나무아미타불

나무아미타불 나무아미타불

나무아미타불 나무아미타불

나무아미타불 나무아미타불

나무아미타불 나무아미타불

20___년 월 일 (번)

나무아미타불　　나무아미타불

나무아미타불　　나무아미타불

나무아미타불　　나무아미타불

나무아미타불　　나무아미타불

나무아미타불　　나무아미타불

나무아미타불　　나무아미타불

나무아미타불　　나무아미타불

나무아미타불　　나무아미타불

나무아미타불　　나무아미타불

나무아미타불　　나무아미타불

20___년　월　일 (　　번)

나무아미타불　　나무아미타불

나무아미타불　　나무아미타불

나무아미타불　　나무아미타불

나무아미타불　　나무아미타불

나무아미타불　　나무아미타불

나무아미타불　　나무아미타불

나무아미타불　　나무아미타불

나무아미타불　　나무아미타불

나무아미타불　　나무아미타불

나무아미타불　　나무아미타불

나무아미타불 나무아미타불

나무아미타불 나무아미타불

나무아미타불 나무아미타불

나무아미타불 나무아미타불

나무아미타불 나무아미타불

나무아미타불 나무아미타불

나무아미타불 나무아미타불

나무아미타불 나무아미타불

나무아미타불 나무아미타불

나무아미타불 나무아미타불

20___년 월 일 (번)

나무아미타불	나무아미타불
나무아미타불	나무아미타불
나무아미타불	나무아미타불
나무아미타불	나무아미타불
나무아미타불	나무아미타불
나무아미타불	나무아미타불
나무아미타불	나무아미타불
나무아미타불	나무아미타불
나무아미타불	나무아미타불
나무아미타불	나무아미타불

20___년 월 일 (번)

나무아미타불　　나무아미타불

나무아미타불　　나무아미타불

나무아미타불　　나무아미타불

나무아미타불　　나무아미타불

나무아미타불　　나무아미타불

나무아미타불　　나무아미타불

나무아미타불　　나무아미타불

나무아미타불　　나무아미타불

나무아미타불　　나무아미타불

나무아미타불　　나무아미타불

20___년 월 일 (　　번)

나무아미타불	나무아미타불
나무아미타불	나무아미타불
나무아미타불	나무아미타불
나무아미타불	나무아미타불
나무아미타불	나무아미타불
나무아미타불	나무아미타불
나무아미타불	나무아미타불
나무아미타불	나무아미타불
나무아미타불	나무아미타불
나무아미타불	나무아미타불

20___년 월 일 (번)

나무아미타불　나무아미타불

나무아미타불　나무아미타불

나무아미타불　나무아미타불

나무아미타불　나무아미타불

나무아미타불　나무아미타불

나무아미타불　나무아미타불

나무아미타불　나무아미타불

나무아미타불　나무아미타불

나무아미타불　나무아미타불

나무아미타불　나무아미타불

20___년　월　일（　　번）

나무아미타불　　나무아미타불

나무아미타불　　나무아미타불

나무아미타불　　나무아미타불

나무아미타불　　나무아미타불

나무아미타불　　나무아미타불

나무아미타불　　나무아미타불

나무아미타불　　나무아미타불

나무아미타불　　나무아미타불

나무아미타불　　나무아미타불

나무아미타불　　나무아미타불

20___년 월 일 (번)

나무아미타불　나무아미타불

나무아미타불　나무아미타불

나무아미타불　나무아미타불

나무아미타불　나무아미타불

나무아미타불　나무아미타불

나무아미타불　나무아미타불

나무아미타불　나무아미타불

나무아미타불　나무아미타불

나무아미타불　나무아미타불

나무아미타불　나무아미타불

20＿＿＿년　월　일（　　번）

나무아미타불　　나무아미타불

나무아미타불　　나무아미타불

나무아미타불　　나무아미타불

나무아미타불　　나무아미타불

나무아미타불　　나무아미타불

나무아미타불　　나무아미타불

나무아미타불　　나무아미타불

나무아미타불　　나무아미타불

나무아미타불　　나무아미타불

나무아미타불　　나무아미타불

나무아미타불	나무아미타불
나무아미타불	나무아미타불
나무아미타불	나무아미타불
나무아미타불	나무아미타불
나무아미타불	나무아미타불
나무아미타불	나무아미타불
나무아미타불	나무아미타불
나무아미타불	나무아미타불
나무아미타불	나무아미타불
나무아미타불	나무아미타불

20___년 월 일 (번)

나무아미타불	나무아미타불
나무아미타불	나무아미타불
나무아미타불	나무아미타불
나무아미타불	나무아미타불
나무아미타불	나무아미타불
나무아미타불	나무아미타불
나무아미타불	나무아미타불
나무아미타불	나무아미타불
나무아미타불	나무아미타불

20___년 월 일 (번)

나무아미타불　　나무아미타불

나무아미타불　　나무아미타불

나무아미타불　　나무아미타불

나무아미타불　　나무아미타불

나무아미타불　　나무아미타불

나무아미타불　　나무아미타불

나무아미타불　　나무아미타불

나무아미타불　　나무아미타불

나무아미타불　　나무아미타불

나무아미타불　　나무아미타불

20___년 월 일 (번)

나무아미타불 나무아미타불

나무아미타불 나무아미타불

나무아미타불 나무아미타불

나무아미타불 나무아미타불

나무아미타불 나무아미타불

나무아미타불 나무아미타불

나무아미타불 나무아미타불

나무아미타불 나무아미타불

나무아미타불 나무아미타불

나무아미타불 나무아미타불

20___년 월 일 (번)

나무아미타불	나무아미타불
나무아미타불	나무아미타불
나무아미타불	나무아미타불
나무아미타불	나무아미타불
나무아미타불	나무아미타불
나무아미타불	나무아미타불
나무아미타불	나무아미타불
나무아미타불	나무아미타불
나무아미타불	나무아미타불
나무아미타불	나무아미타불

20___년 월 일 (번)

나무아미타불	나무아미타불
나무아미타불	나무아미타불
나무아미타불	나무아미타불
나무아미타불	나무아미타불
나무아미타불	나무아미타불
나무아미타불	나무아미타불
나무아미타불	나무아미타불
나무아미타불	나무아미타불
나무아미타불	나무아미타불
나무아미타불	나무아미타불

20___년　월　일 (　　번)

나무아미타불　　　나무아미타불

나무아미타불　　　나무아미타불

나무아미타불　　　나무아미타불

나무아미타불　　　나무아미타불

나무아미타불　　　나무아미타불

나무아미타불　　　나무아미타불

나무아미타불　　　나무아미타불

나무아미타불　　　나무아미타불

나무아미타불　　　나무아미타불

나무아미타불　　　나무아미타불

20___년 월 일 (　　번)

나무아미타불	나무아미타불
나무아미타불	나무아미타불
나무아미타불	나무아미타불
나무아미타불	나무아미타불
나무아미타불	나무아미타불
나무아미타불	나무아미타불
나무아미타불	나무아미타불
나무아미타불	나무아미타불
나무아미타불	나무아미타불
나무아미타불	나무아미타불

20___년 월 일 (번)

나무아미타불	나무아미타불
나무아미타불	나무아미타불
나무아미타불	나무아미타불
나무아미타불	나무아미타불
나무아미타불	나무아미타불
나무아미타불	나무아미타불
나무아미타불	나무아미타불
나무아미타불	나무아미타불
나무아미타불	나무아미타불
나무아미타불	나무아미타불

나무아미타불　나무아미타불

나무아미타불　나무아미타불

나무아미타불　나무아미타불

나무아미타불　나무아미타불

나무아미타불　나무아미타불

나무아미타불　나무아미타불

나무아미타불　나무아미타불

나무아미타불　나무아미타불

나무아미타불　나무아미타불

나무아미타불　나무아미타불

20___년 월 일 (　　번)

나무아미타불　　나무아미타불

나무아미타불　　나무아미타불

나무아미타불　　나무아미타불

나무아미타불　　나무아미타불

나무아미타불　　나무아미타불

나무아미타불　　나무아미타불

나무아미타불　　나무아미타불

나무아미타불　　나무아미타불

나무아미타불　　나무아미타불

나무아미타불　　나무아미타불

20___년　월　일（　　번)

나무아미타불　　나무아미타불

나무아미타불　　나무아미타불

나무아미타불　　나무아미타불

나무아미타불　　나무아미타불

나무아미타불　　나무아미타불

나무아미타불　　나무아미타불

나무아미타불　　나무아미타불

나무아미타불　　나무아미타불

나무아미타불　　나무아미타불

나무아미타불　　나무아미타불

20___년　월　일（　　번）

나무아미타불 　나무아미타불

나무아미타불 　나무아미타불

나무아미타불 　나무아미타불

나무아미타불 　나무아미타불

나무아미타불 　나무아미타불

나무아미타불 　나무아미타불

나무아미타불 　나무아미타불

나무아미타불 　나무아미타불

나무아미타불 　나무아미타불

나무아미타불 　나무아미타불

20___년 월 일 (번)

나무아미타불 　　나무아미타불

나무아미타불 　　나무아미타불

나무아미타불 　　나무아미타불

나무아미타불 　　나무아미타불

나무아미타불 　　나무아미타불

나무아미타불 　　나무아미타불

나무아미타불 　　나무아미타불

나무아미타불 　　나무아미타불

나무아미타불 　　나무아미타불

나무아미타불 　　나무아미타불

나무아미타불 나무아미타불

나무아미타불 나무아미타불

나무아미타불 나무아미타불

나무아미타불 나무아미타불

나무아미타불 나무아미타불

나무아미타불 나무아미타불

나무아미타불 나무아미타불

나무아미타불 나무아미타불

나무아미타불 나무아미타불

나무아미타불 나무아미타불

20___년 월 일 (번)

나무아미타불	나무아미타불
나무아미타불	나무아미타불
나무아미타불	나무아미타불
나무아미타불	나무아미타불
나무아미타불	나무아미타불
나무아미타불	나무아미타불
나무아미타불	나무아미타불
나무아미타불	나무아미타불
나무아미타불	나무아미타불
나무아미타불	나무아미타불

20___년 월 일 (번)

나무아미타불　나무아미타불

나무아미타불　나무아미타불

나무아미타불　나무아미타불

나무아미타불　나무아미타불

나무아미타불　나무아미타불

나무아미타불　나무아미타불

나무아미타불　나무아미타불

나무아미타불　나무아미타불

나무아미타불　나무아미타불

나무아미타불　나무아미타불

20___년 월 일 (번)

나무아미타불　　나무아미타불

나무아미타불　　나무아미타불

나무아미타불　　나무아미타불

나무아미타불　　나무아미타불

나무아미타불　　나무아미타불

나무아미타불　　나무아미타불

나무아미타불　　나무아미타불

나무아미타불　　나무아미타불

나무아미타불　　나무아미타불

20___년 월 일 (　　번)

나무아미타불	나무아미타불
나무아미타불	나무아미타불
나무아미타불	나무아미타불
나무아미타불	나무아미타불
나무아미타불	나무아미타불
나무아미타불	나무아미타불
나무아미타불	나무아미타불
나무아미타불	나무아미타불
나무아미타불	나무아미타불
나무아미타불	나무아미타불

나무아미타불　　나무아미타불

나무아미타불　　나무아미타불

나무아미타불　　나무아미타불

나무아미타불　　나무아미타불

나무아미타불　　나무아미타불

나무아미타불　　나무아미타불

나무아미타불　　나무아미타불

나무아미타불　　나무아미타불

나무아미타불　　나무아미타불

나무아미타불　　나무아미타불

20___년 월 일 (　　번)

나무아미타불　나무아미타불

나무아미타불　나무아미타불

나무아미타불　나무아미타불

나무아미타불　나무아미타불

나무아미타불　나무아미타불

나무아미타불　나무아미타불

나무아미타불　나무아미타불

나무아미타불　나무아미타불

나무아미타불　나무아미타불

나무아미타불　나무아미타불

20___년 월 일 (　　번)

나무아미타불	나무아미타불
나무아미타불	나무아미타불
나무아미타불	나무아미타불
나무아미타불	나무아미타불
나무아미타불	나무아미타불
나무아미타불	나무아미타불
나무아미타불	나무아미타불
나무아미타불	나무아미타불
나무아미타불	나무아미타불
나무아미타불	나무아미타불

20___년 월 일 (번)

나무아미타불　　나무아미타불

나무아미타불　　나무아미타불

나무아미타불　　나무아미타불

나무아미타불　　나무아미타불

나무아미타불　　나무아미타불

나무아미타불　　나무아미타불

나무아미타불　　나무아미타불

나무아미타불　　나무아미타불

나무아미타불　　나무아미타불

20___년 월 일 (　　번)

나무아미타불　　나무아미타불

나무아미타불　　나무아미타불

나무아미타불　　나무아미타불

나무아미타불　　나무아미타불

나무아미타불　　나무아미타불

나무아미타불　　나무아미타불

나무아미타불　　나무아미타불

나무아미타불　　나무아미타불

나무아미타불　　나무아미타불

나무아미타불　　나무아미타불

나무아미타불　　나무아미타불

나무아미타불　　나무아미타불

나무아미타불　　나무아미타불

나무아미타불　　나무아미타불

나무아미타불　　나무아미타불

나무아미타불　　나무아미타불

나무아미타불　　나무아미타불

나무아미타불　　나무아미타불

나무아미타불　　나무아미타불

20＿＿＿년 월 일 (　　번)

나무아미타불	나무아미타불
나무아미타불	나무아미타불
나무아미타불	나무아미타불
나무아미타불	나무아미타불
나무아미타불	나무아미타불
나무아미타불	나무아미타불
나무아미타불	나무아미타불
나무아미타불	나무아미타불
나무아미타불	나무아미타불
나무아미타불	나무아미타불

20___년 월 일 (번)

나무아미타불　　나무아미타불

나무아미타불　　나무아미타불

나무아미타불　　나무아미타불

나무아미타불　　나무아미타불

나무아미타불　　나무아미타불

나무아미타불　　나무아미타불

나무아미타불　　나무아미타불

나무아미타불　　나무아미타불

나무아미타불　　나무아미타불

나무아미타불　　나무아미타불

20___년 월 일 (　　번)

나무아미타불	나무아미타불
나무아미타불	나무아미타불
나무아미타불	나무아미타불
나무아미타불	나무아미타불
나무아미타불	나무아미타불
나무아미타불	나무아미타불
나무아미타불	나무아미타불
나무아미타불	나무아미타불
나무아미타불	나무아미타불
나무아미타불	나무아미타불

나무아미타불	나무아미타불
나무아미타불	나무아미타불
나무아미타불	나무아미타불
나무아미타불	나무아미타불
나무아미타불	나무아미타불
나무아미타불	나무아미타불
나무아미타불	나무아미타불
나무아미타불	나무아미타불
나무아미타불	나무아미타불
나무아미타불	나무아미타불

20___년 월 일 (번)

나무아미타불　　나무아미타불

나무아미타불　　나무아미타불

나무아미타불　　나무아미타불

나무아미타불　　나무아미타불

나무아미타불　　나무아미타불

나무아미타불　　나무아미타불

나무아미타불　　나무아미타불

나무아미타불　　나무아미타불

나무아미타불　　나무아미타불

나무아미타불　　나무아미타불

20___년 월 일 (번)

나무아미타불　　　나무아미타불

나무아미타불　　　나무아미타불

나무아미타불　　　나무아미타불

나무아미타불　　　나무아미타불

나무아미타불　　　나무아미타불

나무아미타불　　　나무아미타불

나무아미타불　　　나무아미타불

나무아미타불　　　나무아미타불

나무아미타불　　　나무아미타불

20___년 월 일 (번)

나무아미타불　　나무아미타불

나무아미타불　　나무아미타불

나무아미타불　　나무아미타불

나무아미타불　　나무아미타불

나무아미타불　　나무아미타불

나무아미타불　　나무아미타불

나무아미타불　　나무아미타불

나무아미타불　　나무아미타불

나무아미타불　　나무아미타불

나무아미타불　　나무아미타불

20___년 월 일 (　　번)

나무아미타불　　나무아미타불

나무아미타불　　나무아미타불

나무아미타불　　나무아미타불

나무아미타불　　나무아미타불

나무아미타불　　나무아미타불

나무아미타불　　나무아미타불

나무아미타불　　나무아미타불

나무아미타불　　나무아미타불

나무아미타불　　나무아미타불

나무아미타불　　나무아미타불

20＿＿＿년　월　일（　　번)

나무아미타불	나무아미타불
나무아미타불	나무아미타불
나무아미타불	나무아미타불
나무아미타불	나무아미타불
나무아미타불	나무아미타불
나무아미타불	나무아미타불
나무아미타불	나무아미타불
나무아미타불	나무아미타불
나무아미타불	나무아미타불
나무아미타불	나무아미타불

20___년 월 일 (번)

나무아미타불	나무아미타불
나무아미타불	나무아미타불
나무아미타불	나무아미타불
나무아미타불	나무아미타불
나무아미타불	나무아미타불
나무아미타불	나무아미타불
나무아미타불	나무아미타불
나무아미타불	나무아미타불
나무아미타불	나무아미타불
나무아미타불	나무아미타불

20___년 월 일 (번)

나무아미타불 나무아미타불

나무아미타불 나무아미타불

나무아미타불 나무아미타불

나무아미타불 나무아미타불

나무아미타불 나무아미타불

나무아미타불 나무아미타불

나무아미타불 나무아미타불

나무아미타불 나무아미타불

나무아미타불 나무아미타불

나무아미타불 나무아미타불

20___년 월 일 (번)

나무아미타불	나무아미타불
나무아미타불	나무아미타불
나무아미타불	나무아미타불
나무아미타불	나무아미타불
나무아미타불	나무아미타불
나무아미타불	나무아미타불
나무아미타불	나무아미타불
나무아미타불	나무아미타불
나무아미타불	나무아미타불
나무아미타불	나무아미타불

20___년 월 일 (번)

나무아미타불　　나무아미타불

나무아미타불　　나무아미타불

나무아미타불　　나무아미타불

나무아미타불　　나무아미타불

나무아미타불　　나무아미타불

나무아미타불　　나무아미타불

나무아미타불　　나무아미타불

나무아미타불　　나무아미타불

나무아미타불　　나무아미타불

나무아미타불　　나무아미타불

나무아미타불　　나무아미타불

나무아미타불　　나무아미타불

나무아미타불　　나무아미타불

나무아미타불　　나무아미타불

나무아미타불　　나무아미타불

나무아미타불　　나무아미타불

나무아미타불　　나무아미타불

나무아미타불　　나무아미타불

나무아미타불　　나무아미타불

나무아미타불　　나무아미타불

20___년 월 일 (　　번)

나무아미타불	나무아미타불
나무아미타불	나무아미타불
나무아미타불	나무아미타불
나무아미타불	나무아미타불
나무아미타불	나무아미타불
나무아미타불	나무아미타불
나무아미타불	나무아미타불
나무아미타불	나무아미타불
나무아미타불	나무아미타불
나무아미타불	나무아미타불

20___년 월 일 (번)

나무아미타불　나무아미타불

나무아미타불　나무아미타불

나무아미타불　나무아미타불

나무아미타불　나무아미타불

나무아미타불　나무아미타불

나무아미타불　나무아미타불

나무아미타불　나무아미타불

나무아미타불　나무아미타불

나무아미타불　나무아미타불

나무아미타불　나무아미타불

나무아미타불	나무아미타불
나무아미타불	나무아미타불
나무아미타불	나무아미타불
나무아미타불	나무아미타불
나무아미타불	나무아미타불
나무아미타불	나무아미타불
나무아미타불	나무아미타불
나무아미타불	나무아미타불
나무아미타불	나무아미타불
나무아미타불	나무아미타불

20___년 월 일 (번)

나무아미타불	나무아미타불
나무아미타불	나무아미타불
나무아미타불	나무아미타불
나무아미타불	나무아미타불
나무아미타불	나무아미타불
나무아미타불	나무아미타불
나무아미타불	나무아미타불
나무아미타불	나무아미타불
나무아미타불	나무아미타불
나무아미타불	나무아미타불

20___년 월 일 (번)

나무아미타불	나무아미타불
나무아미타불	나무아미타불
나무아미타불	나무아미타불
나무아미타불	나무아미타불
나무아미타불	나무아미타불
나무아미타불	나무아미타불
나무아미타불	나무아미타불
나무아미타불	나무아미타불
나무아미타불	나무아미타불
나무아미타불	나무아미타불

나무아미타불	나무아미타불
나무아미타불	나무아미타불
나무아미타불	나무아미타불
나무아미타불	나무아미타불
나무아미타불	나무아미타불
나무아미타불	나무아미타불
나무아미타불	나무아미타불
나무아미타불	나무아미타불
나무아미타불	나무아미타불

20___년 월 일 (번)

나무아미타불 　 나무아미타불

나무아미타불 　 나무아미타불

나무아미타불 　 나무아미타불

나무아미타불 　 나무아미타불

나무아미타불 　 나무아미타불

나무아미타불 　 나무아미타불

나무아미타불 　 나무아미타불

나무아미타불 　 나무아미타불

나무아미타불 　 나무아미타불

나무아미타불 　 나무아미타불

나무아미타불	나무아미타불
나무아미타불	나무아미타불
나무아미타불	나무아미타불
나무아미타불	나무아미타불
나무아미타불	나무아미타불
나무아미타불	나무아미타불
나무아미타불	나무아미타불
나무아미타불	나무아미타불
나무아미타불	나무아미타불
나무아미타불	나무아미타불

20___년　월　일 (　　번)

나무아미타불　　나무아미타불

나무아미타불　　나무아미타불

나무아미타불　　나무아미타불

나무아미타불　　나무아미타불

나무아미타불　　나무아미타불

나무아미타불　　나무아미타불

나무아미타불　　나무아미타불

나무아미타불　　나무아미타불

나무아미타불　　나무아미타불

나무아미타불　　나무아미타불

20___년 월 일 (　　번)

나무아미타불　나무아미타불

나무아미타불　나무아미타불

나무아미타불　나무아미타불

나무아미타불　나무아미타불

나무아미타불　나무아미타불

나무아미타불　나무아미타불

나무아미타불　나무아미타불

나무아미타불　나무아미타불

나무아미타불　나무아미타불

나무아미타불　나무아미타불

나무아미타불	나무아미타불
나무아미타불	나무아미타불
나무아미타불	나무아미타불
나무아미타불	나무아미타불
나무아미타불	나무아미타불
나무아미타불	나무아미타불
나무아미타불	나무아미타불
나무아미타불	나무아미타불
나무아미타불	나무아미타불
나무아미타불	나무아미타불

20___년 월 일 (번)

나무아미타불　나무아미타불

나무아미타불　나무아미타불

나무아미타불　나무아미타불

나무아미타불　나무아미타불

나무아미타불　나무아미타불

나무아미타불　나무아미타불

나무아미타불　나무아미타불

나무아미타불　나무아미타불

나무아미타불　나무아미타불

나무아미타불　나무아미타불

20___년 월 일 (번)

나무아미타불 나무아미타불

나무아미타불 나무아미타불

나무아미타불 나무아미타불

나무아미타불 나무아미타불

나무아미타불 나무아미타불

나무아미타불 나무아미타불

나무아미타불 나무아미타불

나무아미타불 나무아미타불

나무아미타불 나무아미타불

나무아미타불 나무아미타불

나무아미타불　　나무아미타불

나무아미타불　　나무아미타불

나무아미타불　　나무아미타불

나무아미타불　　나무아미타불

나무아미타불　　나무아미타불

나무아미타불　　나무아미타불

나무아미타불　　나무아미타불

나무아미타불　　나무아미타불

나무아미타불　　나무아미타불

20___년 월 일 (　　번)

나무아미타불　나무아미타불

나무아미타불　나무아미타불

나무아미타불　나무아미타불

나무아미타불　나무아미타불

나무아미타불　나무아미타불

나무아미타불　나무아미타불

나무아미타불　나무아미타불

나무아미타불　나무아미타불

나무아미타불　나무아미타불

나무아미타불　나무아미타불

20___년 월 일 (　　번)

나무아미타불	나무아미타불
나무아미타불	나무아미타불
나무아미타불	나무아미타불
나무아미타불	나무아미타불
나무아미타불	나무아미타불
나무아미타불	나무아미타불
나무아미타불	나무아미타불
나무아미타불	나무아미타불
나무아미타불	나무아미타불

20___년 월 일 (번)

나무아미타불　나무아미타불

나무아미타불　나무아미타불

나무아미타불　나무아미타불

나무아미타불　나무아미타불

나무아미타불　나무아미타불

나무아미타불　나무아미타불

나무아미타불　나무아미타불

나무아미타불　나무아미타불

나무아미타불　나무아미타불

나무아미타불　나무아미타불

20___년　월　일 (　　　번)

나무아미타불	나무아미타불
나무아미타불	나무아미타불
나무아미타불	나무아미타불
나무아미타불	나무아미타불
나무아미타불	나무아미타불
나무아미타불	나무아미타불
나무아미타불	나무아미타불
나무아미타불	나무아미타불
나무아미타불	나무아미타불
나무아미타불	나무아미타불

20___년 월 일 (번)

나무아미타불　나무아미타불

나무아미타불　나무아미타불

나무아미타불　나무아미타불

나무아미타불　나무아미타불

나무아미타불　나무아미타불

나무아미타불　나무아미타불

나무아미타불　나무아미타불

나무아미타불　나무아미타불

나무아미타불　나무아미타불

나무아미타불　나무아미타불

20___년 월 일 (　　번)

나무아미타불 여섯 글자는
진정한 대 밀종密宗이자 진정한 선종禪宗입니다.
염불의 의미에는 부처님과 '나'가,
자기와 타자가 둘이 아니라는 의미를 담고 있습니다.
진정한 불법에서는 타력도 곧 자력이요,
자력도 곧 타력입니다.
정토종과 선종은 마지막에 만나게 됩니다.
자력이면서 타력입니다.
-남회근 국사

6. 회향문

_________은(는) 발원하며 회향하옵니다.

거룩한 부처님께 귀의합니다.
거룩한 부처님 가르침에 귀의합니다.
거룩한 승가에 귀의합니다.

영원토록 부처님 법에 따라 살기를 발원합니다.
모든 중생이 위없는 보리심을 내기를 발원합니다.
삼악도에서 고통 받는 모든 중생들이 해탈하기를 발원합니다.
저와 인연이 있는 이들이 고통이 없는 세상에서 살아가기를 발원합니다.
무시(無始) 이래로 저와 인연을 맺은 모든 존재에게 진심으로 용서를 구합니다.
이 몸이 죽을 때에 아미타불의 영접을 받아 극락세계에 왕생하기를 발원합니다.

____

____

____

부처님 명호를 쓴 공덕을 온 법계에 두루 회향합니다.

부처님 명호를 쓴 이 공덕을 저의 극락왕생에 회향합니다.

부처님 명호를 쓴 공덕을 조상님들과 부모님의 극락왕생에 회향합니다.

부처님 명호를 쓴 공덕을 삼계 모든 중생이 보리심을 내는데 회향합니다.

부처님 명호를 쓴 공덕을 지금 투병생활을 하고 있는 ________님의 완쾌에 회향합니다.

부처님 명호를 쓴 공덕을 돌아가신 ________님의 극락왕생에 회향합니다.

____

____

____

20___년   월   일

편저 : 주세규

1971년 전북 순창 출생. 경희대학교 행정학과 졸업.
금융기관에서 2년간 근무했고, 학원 강사 등 많은 직장을 전전했다. 기독교를 수년 간 믿어 오다가 우연히 서점에서 인광대사가언집(印光大師嘉言集)을 전남대 김지수(金池洙) 교수가 번역하신 〈화두 놓고 염불하세〉를 읽고 부처님께 귀의(歸依)하였다.
뜻한 바 있어 염불법문을 회집(會集)하기로 발원하여 2013년에 〈염불수행대전〉(비움과소통)을 펴냈고, -후에 내용을 증보(增補)하고 제목도 〈나무아미타불〉로 고쳐 다시 펴냄-, 이 책을 축약(縮約)하여 2016년에 〈참선이 곧 염불이요, 염불이 곧 참선이다〉를 출간하였다. 국내에 불경이나 진언(다라니)을 베껴쓰는 사경집은 많이 나와 있지만, 부처님 명호 특히 아미타불 명호를 쓰는 사경집은 이 책이 최초다.
생업에 종사하면서 틈틈이 군부대/교도소/요양원/학교 등지에 강의를 나가고 있다. 강의 주제는 염불에 관한 강의/어떻게 인생을 살 것인가/아름다운 노년을 위하여/죽음을 어떻게 대할 것인가 등이다.
전화 : 010-3469-3448 이메일 : stata0616@hanmail.net

나무아미타불 사경집

1판 1쇄 펴낸 날 2017년 8월 18일
편저　주세규
발행인 김재경 **편집** 김성우 **디자인** 최정근 **제작** 해인프린팅
펴낸곳 도서출판 비움과소통
　　　　경기도 파주시 하우고개길 151-17 예일아트빌 103동 102호(야당동 191-10)
　　　　전화 031-945-8739　팩스 0505-115-2068
홈페이지 blog.daum.net/kudoyukjung　**이메일** buddhapia5@daum.net
출판등록 2010년 6월 18일 제318-2010-000092호

© 주세규, 2017
ISBN 979-11-6016-026-0 03220